BEI GRIN MACHT SICH IHR WISSEN BEZAHLT

- Wir veröffentlichen Ihre Hausarbeit,
  Bachelor- und Masterarbeit

- Ihr eigenes eBook und Buch -
  weltweit in allen wichtigen Shops

- Verdienen Sie an jedem Verkauf

Jetzt bei www.GRIN.com hochladen und kostenlos publizieren

Bibliografische Information der Deutschen Nationalbibliothek:

Die Deutsche Bibliothek verzeichnet diese Publikation in der Deutschen National-
bibliografie; detaillierte bibliografische Daten sind im Internet über http://dnb.d-
nb.de/ abrufbar.

Impressum:

Copyright © 2015 GRIN Verlag, Open Publishing GmbH
Druck und Bindung: Books on Demand GmbH, Norderstedt Germany
ISBN: 978-3-668-07080-6

Dieses Buch bei GRIN:

http://www.grin.com/de/e-book/308570/schulz-von-thuns-kommuniaktionstheorie-
ein-ueberblick

Elisabeth Dölle

Schulz von Thuns Kommuniaktionstheorie. Ein Überblick

GRIN Verlag

GRIN - Your knowledge has value

Der GRIN Verlag publiziert seit 1998 wissenschaftliche Arbeiten von Studenten, Hochschullehrern und anderen Akademikern als eBook und gedrucktes Buch. Die Verlagswebsite www.grin.com ist die ideale Plattform zur Veröffentlichung von Hausarbeiten, Abschlussarbeiten, wissenschaftlichen Aufsätzen, Dissertationen und Fachbüchern.

Besuchen Sie uns im Internet:

http://www.grin.com/

http://www.facebook.com/grincom

http://www.twitter.com/grin_com

Kommunikationstheorie nach Schulz von Thun

- Geglückte Kommunikation ist nicht nur eine Sache des guten Willens der Beteiligten, sondern auch der Fähigkeit, seelische Vorgänge und zwischenmenschliche Prozesse zu durchschauen
- Die Theorie von Thun enthält Hinweise, für die Analyse typischer Kommunikationsstörungen und Möglichkeiten, ihrer erfolgreichen Bewältigung
- Geht vom Nachrichtenquadrat aus: entwickelt von dieser Position typische Probleme, die sich mit den vier Aspekten einer Botschaft verbinden lassen
- Um den Kontakt zu anderen herzustellen, bedienen sich Menschen unterschiedlicher Kommunikationsstile
- Aus der systematischen Darstellung von acht unterschiedlichen Stilen schließt er auf typische Verwicklungen zwischen den Kommunikationspartnern
- Mit seinen Ausführungen zur Klärungshilfe deckt er Beziehungsstörungen und deren systematische individuelle und situative Ursachen auf
- Er bedient sich dabei vorliegenden Kenntnissen zur Kommunikation von Watzlawik und versucht sie mit anderen Ansätzen der Psychologie zu vereinen

1. Das Nachrichtenquadrat

- Mit einer Nachricht teilt man viele Botschaften gleichzeitig mit
- Jede Nachricht ist also ein Paket von Botschaften
- Um diese Botschaften ordnen zu können, entwickelt er das Nachrichtenquadrat

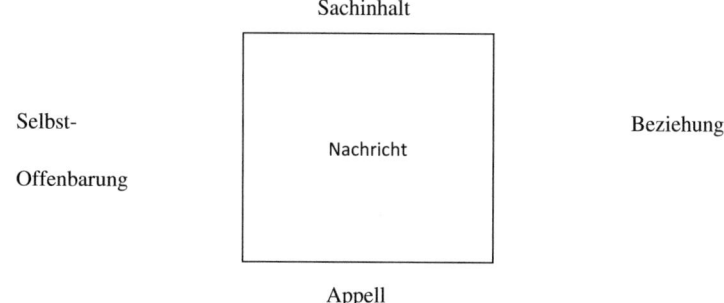

1

- Jede Nachricht enthält einen Sachinhalt: Informationen über Geschehnisse und Dinge (vgl. Inhaltsaspekt, 2. Axiom bei Watzlawik

- Daneben sind auch mehr oder weniger gewollte Infos über die Person des Senders enthalten: Selbstoffenbarung: gewollte Selbstdarstellung und unfreiwillige Selbstenthüllung

- Außerdem kann der Nachricht entnommen werden, was der Sender vom Empfänger hält und wie beide die Beziehung zueinander definieren

- In dem Tonfall, der Art der Formulierung und den nichtsprachlichen Begleiterscheinungen einer Nachricht teilt sich das Wie der Beziehung mit

- Jede Nachricht will im Empfänger etwas bewirken, ihn zu etwas veranlassen

- Der Versuch dieser Einflussnahme kann mehr oder weniger versteckt sein, jedoch appeliert der Sender auch auf verschiedene Art und Weise, z.B. um durch Selbstoffenbarung beim Gesprächspartner einen guten Eindruck zu hinterlassen oder indem er durch das Aussprechen von Komplimenten auf der Beziehungsebene sein Gegenüber bei Laune hält

Bsp.: Der Mann (Sender) sagt zu seiner am Steuer sitzenden Frau (Empfänger): „Du, da vorne ist grün."

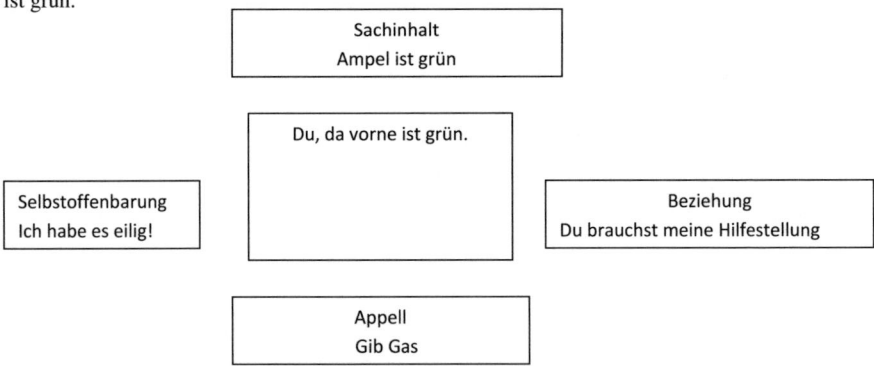

- Durch den Tonfall teilt der Mann mit, wie seine Frau die Nachricht zu verstehen hat

- Von sozialer Kommunikation kann erst gesprochen werden, wenn auch die beim Empfänger ausgelöste Reaktion in die Überlegungen eingeht, denn auch ein Feedback hat vier Seiten

2. Der Empfang der Nachricht

- Es liegt beim Empfänger, wie er mit einer Nachricht umgeht, auf welche Schlüsselreize er Wert legt, welche Empfangsebene für ihn wichtig ist
- Nach Thun erfolgt die innere Reaktion des Empfängers au drei Empfangsebenen
  - o Wahrnehmungsebene
  - o Interpretationsebene
  - o Gefühlsebene
- Eine Nachricht wird mit den Sinnen aufgenommen, mit Bedeutungsgehalt versehen und darauf mit bestimmten Gefühlen reagiert
- Beispiel: Eine Frau berichtet ihrem Mann über ihre eigenen Pläne. Er runzelt dann die Stirn, sie reagiert nun ihrerseits beleidigt: „Nun mach doch nicht gleich wieder ein Gesicht."

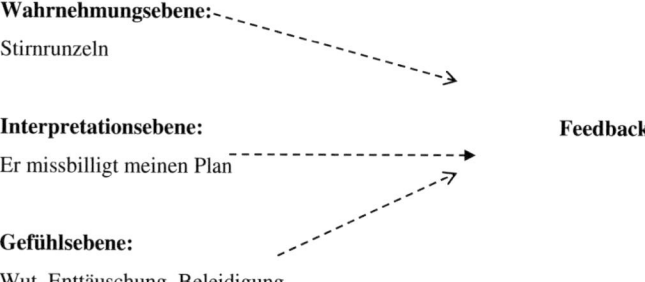

Wahrnehmungsebene:
Stirnrunzeln

Interpretationsebene: **Feedback**
Er missbilligt meinen Plan

Gefühlsebene:
Wut, Enttäuschung, Beleidigung

- Häufig bestimmen Vorstellungen, die sich der Empfänger vom Sender macht, seine innere Reaktion
- Hätte de Ehefrau ihre Wahrnehmung, Stirnrunzeln und Vermutung (ihm passt es nicht) an der Realität überprüft, hätte der Ehemann sie korrigieren oder bestätigen können
- Vorstellungen sind nach Thun Fantasien, die auf Gedanken und Gefühlen beruhen und nicht auf angebbaren Wahrnehmungen
- Verbesserte Kommunikation ist dadurch zu erreichen, dass wir diese Fantasien im Feedback abklären

3. Gestörte Kommunikation

- Ein Empfänger muss also vier ebenen der Nachricht empfangen
- Auf dem Sachohr: wie ist der Sachinhalt zu verstehen

- Selbstoffenbarungsohr: Was ist das für einer, was ist mit dem?
- Beziehungsohr: Wie redet der eigentlich mit mir?
- Appellohr: was soll ich tun/denken aufgrund seiner Mitteilung fühlen?
- Je nach Scharfeinstellung der Ohren wird sich die Reaktion des Empfängers gestalten, es können hier verschiedene Kommmunikationsstörungen entstehen

1. Wenn der Empfänger mit einer Nachrichtenseite reagiert, auf die der Sender keinen Werl legen wollte:

2. Wenn der Empfänger auf einem Ohr nicht hören will, was dem Sender wichtig ist: Schüler beschwert sich unfreundlich, dass der Stoff schon oft behandelt wurde: Lehrer reagiert nur auf die Unfreundlichkeit (Beziehungsebene) und nicht für den Inhalt (Appell, Sachebene)

3. Wenn der Empfänger überwiegend mit nur einem Ohr hört und für die anderen Botschaften taub ist: überempfindliches Beziehungsohr

- Wenn eine Nachricht anders ankommt, als sie gemeint war, kann das verschiedene Ursachen haben:
   o Verständigungsfehler auf der Sachebene
   o Voreingenommene Haltung des Senders zum Empfänger
   o Negatives Selbstbild des Empfängers
   o Unterschwellige Botschaftsanteile, die der Empfänger neben der Kernbotschaft heraushört und die ihn gereizt stimmen: aus dem Appell: räum dein Zimmer auf, werden dann z.B. je nach Tonfall und Gesichtsausdruck verschiedene Vorwürfe auf Beziehungsebene herausgehört

Probleme der zwischenmenschlichen Kommunikation

- Auf jeder Nachrichtenseite können unterschiedliche psychologische Probleme entstehen, die dem folgenden Schaubild zu entnehmen sind

Problem der Sachlichkeit und Verständlichkeit

Probleme der   Probleme der Beziehungsdefinition

Selbstoffenbarung   und –gestaltung

Probleme der Beeinflussung, Manipulation und
des Ausdrückens von Gefühlen

- **Sachseite der Nachricht:**
  - o Unsachlicher Gesprächsverlauf
  - o Schwer verständliche Sachinformation
- Sachlichkeit kann nur erreicht werden, wen die Verständigung auf der Sachebene weiterkommt, ohne dass die gefühlsmäßigen Begleitbotschaften auf den anderen Seiten (Rechthaberei, Selbstdarstellung, Rache, sich lieb Kind machen) Oberhand gewinnen

- **Selbstoffenbarungsseite der Nachricht:** Kostprobe der Persönlichkeit, daher sind alle Menschen um diesen Inhalt sehr besorgt: Selbstoffenbarungsangst: lässt sich durch Unfallschäden des kindlichen Individuums mit den Normen der Erwachsenenwelt begründen
- Besonders auf öffentlichen Veranstaltungen werden hier : Imponiergehabe und Fassadentechnik deutlich
- Erklärtes Lernziel auf dieser Ebene ist: sich annehmen lernen, mit allen Schwächen und Stärken und auch entsprechend nach außen zu repräsentieren, nach außen zeigen, wie einem innen zu Mute ist

- **Beziehungsseite der Nachricht**
- Formen das Selbstbild des Empfängers
- Dieser kann ich durch: herabsetzende und bevormundende Botschaften misshandelt fühlen
- Diese wiederum hängen von dem Bild ab, dass der Sender vom Empfänger hat
- Beziehungsstörungen ergeben sich dann, wenn ich den anderen anders wahrnehme, als er sich selbst sieht

- **Appellseite der Nachricht**
- Wirksamkeit hängt stark von der Beziehung der Kommunikationspartner ab
- Oftmals dient die Zurückweisung des Appels einer Ehrenrettung des Empfängers auf der Beziehungsebene: Mutter ermahnt volljährige Tochter eine Jacke anzuziehen, dies tut diese dann nicht, auch wenn sie mit ihr sachlich einer Meinung wäre
- Außerdem bleibt der Appell wirkungslos, wenn:
  - o Er ein untaugliches Problemlösemittel ist: paradoxe Kommunikation: man sagt zu einem traurigen Menschen, sei doch lustig

- o Wenn er eine bestimmte Handlung so entwertet wird, dass sie nun nicht mehr freiwillig ausgeführt werden kann: aufräumen
- o Er den inneren Seelenfrieden des Empfängers stört, da der Inhalt seinen Überzeugungen widerspricht
- Für erfolgreiche Kommunikation fordert Thun offene Appelle: eigene Wünsche werden ausgesprochen, aber der Empfänger kann entscheiden, ob er diesen Folge leisten will

4. Hinweise für den Umgang mit Kommunikationsstörungen

- Erfolgreiche Kommunikation hängt von dem guten Willen der Beteiligten, der Fähigkeit den komplizierten Vorgang der zwischenmenschlichen Kommunikation zu durchschauen und gewissen kommunikativen Grundregeln ab
- Als Heilmittel: Metakommunikation: dies verlangt einen vertieften Einblick in die eigene Innenwelt und den Mut zur Selbstoffenbarung
- Wir müssen lernen, unsere Reaktionen im Umgang mit anderen Menschen zu verstehen und entsprechend diesen verdrängten Gefühlen handeln
- Maske als Außenseite des Kommunikationsverhaltens und wichtiger Teil der Persönlichkeit

5. Typologie menschlicher Kommunikationsstile

- **Bedürftig-abhängig:** Sender stellt sich selbst als hilflos und überfordert dar, verleiht dem anderen damit das Gefühl überlegen zu sein, helfen zu müssen, verantwortlich für den anderen zu sein
- Entstanden ist diese geringe Selbstbewusstsein durch Ur-Erfahrungen in der Kindheit: man trägt die Botschaft in sich: ich bin schwach und hilflos und dem Leben allein nicht gewachsen
- Im Sinne des Nachrichtenquadrats ist ein solcher Appell Hilf mir, gekoppelt mit unterwürfigen Kommunikationsmitteln verführerisch, da er die Position der Stärke und Kompetenz auf der Beziehungsebene signalisiert bekommt
- Die Empfänger hilfloser Appelle können sich verschieden verhalten:

6

- o Komplementär: hat der Schützling eine passenden Helfer gefunden, kann er zunächst seine Angst vor Eigenständigkeit unterdrücken, auch der Helfer kann Vorteile aus der Situation ziehen
- o Diese Gefüge kann sich aber zum Teufelskreis entwickeln: nach jeder Hilfeleistung wird dem Schwachen erneut seine Unterlegenheit und Hilflosigkeit bewusst, er muss eine neue Kränkung seines Selbst hinnehmen
- o Hieraus kann sich eine Wut entwickeln, die sich paradoxerweise gegen den Helfer richtet
- o Auch dieser wird dann seines Schützlings überdrüssig
- o Ein anderer Teufelskreis entsteht, wenn sich der Partner abgrenzt und den Bedürftigen kurz hält: dieser fühlt sich elend und allein gelassen und intensiviert seine Anstrengungen, noch Fürsorge zu erhalten: aber grade das erhöht die Angst des Partners ausgesaugt zu werden: Bedürftiger wird immer abhängiger
- o Es können auch beide Teufelskreise in der selben Beziehung wirksam werden

- **Selbstloser Stil**: der Selbstlose hält sich selbst für unnütz und denkt, er sie nur im Einsatz für andere etwas wert
- Er definiert sich durch andere
- Auf der Beziehungsebene sendet er: du bist maßgeblich und auf Appellebene: sag mir, wie du mich haben willst
- In der Selbstoffenbarung werden alle unbequemen, schwachen und hilflosen Anteile zurückgehalten um sie dem Partner nicht zuzumuten, ihn nicht zu enttäuschen
- Scheut Konflikte, hat ein ausgesprochenes Harmoniebedürfnis
- Bsp: selbstlose Mutter, die immer nur bietet und nichts verlang, stets aber ihre Schwäche zur Schau stellt und bei ihren Kindern Schuldgefühle hervorruft: mit Hilfe subtiler Mittel setzt sie dabei den eigenen Egoismus durch
- Teufelskreis: selbstloser Partner, der dem anderen durch seine Verkleinerungstendenz und Selbstentwertung zu verstehen gibt, wie überlegen und toll er doch ist: dann fühlt dieser sich irgendwann genervt von der Haltung, zeigt neben der wohlwollenden Herablassung auch abweisen Verhaltensweisen, da er merkt, dass er keinen vollwertigen Partner vor sich hat

- **Mitteilungsfreudig-dramatisierender Stil:** äußert sich gegensätzlich zum vorangegangenen: der Mitteilungsfreudige gib gern möglichst viel über sich selbst preis, er liebt Publikum und dramatische Äußerungen

- Kann auch auf Selbstzweifel zurückzuführen sein

- Im Sinne des Nachrichtenquadrats verkündet die Beziehungsbotschaft des Mitteilenden aufmerksame Zuwendung, andererseits spüren die Zuschauer aber, dass sie austauschbar sind

- Grundappell: wende dich mit deiner Aufmerksamkeit mir zu und werde beständig Zeuge meiner Selbstdarstellung

- Zum Teufelskreis kommt es hier, wenn die dramatischen Mitteilungen den Partner langweilen uns sich zur Faszination über das Mitgeteilte Genervtheit gesellt, umso mehr dreht der Sender dann auf

- **Der helfende Stil**

- Es handelt sich hierbei um den komplementären Stil zu dem bedürftig-abhängigen Stil. Menschen, die von der helfenden Strömung stark und sogar vielleicht dauerhaft erfasst sind, ziehen Bedürftige wie Magneten an. Als geduldige Zuhörer und Ratgeber setzen sie sich für die Schwachen, Bedürftigen ein, wollen sich um sie kümmern und ihnen mit Rat und Tat zur Seite stehen – nicht selten über ihre eigene Erschöpfungsgrenze hinaus. Dieser Stil signalisiert dem Anderen gegenüber seine helfende Funktion:

- durch die Selbstkundgabe von Stärke und Belastbarkeit,

- durch die Thematisierung der Sorgen und Probleme des Gegenübers, oft verbunden • mit der Bereitschaft geduldig zuzuhören,

- durch eine Beziehungsbotschaft, die die Hilfsbedürftigkeit des Anderen unterstreicht,

- durch Appelle, die Empfehlungen für den anderen, aber keine eigenen Wünsche enthalten.

- Doppelkreislauf kann im Laufe der Zeit die ganze Atmosphäre heillos verderben. Neben dem Außenkreis von Fürsorge und Dankbarkeit entsteht noch ein viel weniger bewusster Innenkreis von Enttäuschung und Kränkung, von Aggression und Sabotage. Der Schützling fühlt sich nicht nur erleichtert, sondern empfindet auch eine Kränkung durch den Helfer, der diese Situation „auskostet" und sein eigenes Selbstwertgefühl steigert. Der Hilflose gönnt dem Helfer nicht den Erfolg und macht ihn für alle „Fehlschläge" und „Halberfolge" verantwortlich. Der Helfer wiederum ist frustriert und verärgert; er fühlt seine Verantwortung noch mehr gefordert gerade in diesem Zustand und wird u.U. aggressiver. All dies spielt sich mehr oder minder im Unterbewusstsein ab und dieser

Teufelskreis löst beim Hilflosen Überreaktionen aus. Schmidbauer hat in seiner Studie von 1977 das Schlagwort „Helfersyndrom" eingeführt. Interessant ist hierbei die Interaktionsdynamik zwischen „normalen" Menschen, soweit sie ihre Strömungen in eine bedürftig-abhängige und eine helfende polarisiert haben.

- **Der aggressiv-entwertende Stil**
- Bei diesem Stil handelt es wieder um das Gegenstück zum selbst-losen Stil. Geht letzterer von der Unterwürfigkeit aus, gebärdet sich dieser „von oben" herab. Beide Stile können auch in einer Person vereinigt sein, dem „Radfahrertyp", nach oben buckeln, nach unten treten.
- Der „Aggressive" ist darauf aus, dem Anderen offen oder versteckt etwas anzutun, was diesen klein macht und schuldig oder ihn wertlos erscheinen lässt. Er muß beschuldigen und erniedrigen, dem Anderen in Schach halten und ihm zeigen, dass er es nicht anders verdient hat. Er wittert überall Widersacher. Die Grundausstrahlung enthält die Selbstdarstellung der Stärke und Unverletzlichkeit. Aber hier kann neben der harten äußeren Seite auch eine weiche innere Seite auftreten: „Harte Schale – weicher Kern".
- Vielfach tritt auch ein Minderwertigkeitsgefühl auf verbunden mit der Angst „runtergemacht" zu werden. Während der Selbst-lose sich duckt, wird der Aggressive mit gleicher Münze heimzahlen. Die eigene Selbstaufwertung wird durch Herabdrücken des Anderen mit einer zweifachen Zielsetzung betrieben: nach außen die Einschüchterung und Unterwerfung des Anderen, um sich nicht mehr bedroht zu fühlen und andererseits nach innen zur Vermeidung seiner eigenen Gefühle des Unterlegenen, der Wehrlosigkeit und der eigenen Schwäche.

- **Der sich beweisende Stil**
- Hier wird die Selbstwertsicherung nicht durch Herabsetzung des Anderen betrieben, sondern durch eine besondere Anstrengung, sich selbst ins rechte Licht zu setzen, kompetent und gescheit zu erscheinen, um keinen schlechten Eindruck zu machen.. Man darf sich keine Blöße geben, keine Fehler machen und vor allem keine schlechte Figur abgeben. Man baut sich eine Imponier- und Fassadentechnik auf. Etwas muß dauerndbewiesen werden, man steht unter permanentem Druck und gibt sich nach außen vollkommener als einem innerlich zumute ist; das alles führt zu einem hausgemachten Stress. Unter dem Einfluß des Beweisens kann man leicht zum Versager werden, vor allem dann, wenn die Angst vor der Durchschnittlichkeit, des Unperfekten den Betroffenen darin hindert, überhaupt noch etwas zustande zu bringen. Unerklärliche

Arbeitsstörungen oder sogar neurotische Symptome können ihn lahm legen. Die Selbsttäuschung „Was könnte ich, wenn ..." bleibt bestehen. Vielfach sind es dann äußere Mittel wie Alkohol oder Medikamente, die helfen müssen, die äußere Fassade aufrechtzuerhalten, während im Inneren der Zerfall fortschreitet.

- Der oder die sich Beweisende lebt unter Leistungsdruck und in ständiger Anspannung. Leistung und Anspannung bedürfen, um ihren konstruktiven Wert im menschlichen Dasein zu erhalten, als Ausgleich der be-sinn-lichen Muße sowie der geistigen und muskulären Entspannung. Der Beweisende bedarf der Ruhe und Meditation. Und er muß auch lernen, von sich aus solche Seiten zu zeigen, die nicht seinem Ideal entsprechen.

- **Der bestimmende-kontrollierende Stil**
- Der Betroffene trachtet danach, die Dinge so zu lenken und zu korrigieren, dass sie unter seiner Kontrolle bleiben und dadurch den gewollten Fortgang nehmen. Wenn die Dinge ihm entgleiten oder sich entgegen seiner Vorstellungen entwickeln, dann wird er von einer verdrossenen Nervosität erfasst, die sich innerlich zur Angst und äußerlich zu grimmigem Zorn steigern kann. Dazu kommt die Angst vor Kontrollverlust und Chaos, vor einem Strich durch die Rechnung. Dies kann im Extremen zu einer zwanghaften Lebensführung, zu Pedanterie und Ritualen, starre Normen und Prinzipien führen mit der Folge von ausgefeilter Planung und Organisation. Die Grundbotschaft lautet: Ich weiß was richtig ist!. Durch die Vielfalt der Appelle und Verhaltenskorrekturen wird der bestimmende Stil offenbart. In vielen beruflichen Bereichen ist der bestimmende-kontrollierende Stil gefragt, besonders auf der Führungsebene. Führungsqualitäten mit Übersicht und Planung ordnungsgemäßer Strukturen, klaren Weisungen und Kontrolle der Durchführung sind gefragt Dabei darf aber das partnerschaftliche Neben- und Miteinander heute nicht vergessen werden. Schulz von Thun verwendet hier auch den Begriff der Direktivität und der Nondirektivität in Pädagogik und Erwachsenenbildung Diese Polarität hat allgemein im Umgang mit Menschen eine große Bedeutung. In der Pädagogik ist es einerseits die bestimmende Strömung, wo der „Bildhauer" aus dem Rohgestein einen gut geformten Menschen machen will, wo der kindliche Wille gebrochen und die Fehler ausgemerzt werden und die Lebendigkeit mit Zucht und Ordnung diszipliniert wird. Diese misshandelten Kinder sind vielfach dann die Peiniger von morgen. Dem steht das Bild des „Gärtner" gegenüber, mit dem Wachsenlassen und im Extremfall dem grenzenlosen Gewährenlassen.

- **Der sich distanzierende Stil**
- Dem sich Distanzierenden dürfen die Mitmenschen nicht zu nahe kommen. Die Grenzen sind weit gesteckt, eine unsichtbare Wand hält den gebührenden Abstand. Dies ist räumlich und körperlich gemeint. Verlangt wird ein Sicherheitsabstand mit entsprechendem Mobiliar im Berufsleben, alles wird möglichst schriftlich erledigt. Die Distanz schafft Arroganz und Unnahbarkeit sowie Ausstrahlung von Kühle; man wird nicht recht „warm mit ihm". Auch in der Sprechweise ist die Distanz zu erkennen. Der sich Distanzierende vermittelt den Eindruck, wenig anrührbar zusein, kein Gefühl zu haben und ein Herz aus Stein in sich zu tragen. In seinem Inneren jedoch ist oftmals eine verletzbare und daher schutzbedürftige Gefühlswelt angesiedelt mit dem Wunsch nach Nähe und Geborgenheit und der Angst vor Abhängigkeit. Ist die Distanziertheit nur Schein, nur eine Abwehrhaltung gegen die Gefahr in eine Abhängigkeit zu geraten? Die Angst davor lässt ihn unnahbar erscheinen, befähigt ihn aber auch für sich alleine zu sorgen, niemandem zur Last zu fallen, niemand etwas schuldig zu bleiben oder zu Dank verpflichtet zu sein. Auch wenn er über lange Zeit ein durchaus freundlicher Mitmensch ist, so kann er auch widerborstig, muffig, abweisend und verletzend werden. Die Kontaktbereitschaft sinkt dann ganz erheblich.

6. Methoden und Techniken der Moderation

Der Klärungshelfer kann an vier Bereichen ansetzen:

- **Selbstklärung:** Hier verhilft der Klärungshelfer schrittweise dem Klienten, sich mit der Bedeutung der eigenen Aussagen vertieft auseinanderzusetzen, dahinterliegende Anliegen, Wünsche, Enttäuschungen und Erwartungen zu erkunden.
- **Kommunikationsklärung:** Hier geht es um die Förderung des Kontaktes und des Dialoges zwischen den Kommunikationspartnern, um eine gemeinsame Sprache zu finden, in der das gemeinte zum Ausdruck kommt, ohne dass jemand beleidigt ist.
- **Persönlichkeitsklärung:** Hier soll dem Patienten eine Karte seiner Persönlichkeit, mit allen Höhen und Tiefen aufgezeigt werden, so dass er für und seinen Partner berechenbar wird. Zu Beginn der Hilfe entscheidet der Helfer sich für eine passende Kommunikation mit dem Klienten (bei einem Nähemenschen z. B. für Verständnis/ Bestätigung, bei einem Distanzler überlässt er dem Klienten die Initiative für Annäherung/ Offenbarung usw.).

- **Systemklärung:** Es geht hier um das Aufdecken von Teufelskreisen. Hinweise für diese sind: 1. Das Sehen als Opfer des Verhaltens anderer, 2. Annäherung nach Problemen bleibt aus oder 3. Teufelskreis hält sich selbst lebendig (Reiz-Reaktion). Ziel ist hier die Entwicklung zu einem Engelskreis (eigene Fehler und die des Partners werden akzeptiert).

7. Kritische Würdigung der Theorie

- Ausgehend von den Axiomen Watzlawiks über das Was und Wie der Kommunikation legt er mit dem Nachrichtenquadrat eine Sicht zwischenmenschlicher Botschaften nahe, in der die Beziehungs- und Selbstoffenbarungsanteile einer differenzierteren Betrachtung unterzogen werden
- **Schwächen:** seine Annahmen ergeben in sich keine geschlossene und systematische Theorie, sondern sind segmenthafte Erklärungsansätze

8. Zusammenfassung

- Menschliche Interaktion versteht W. als ein System von Regeln. Bei erfolgreicher Kommunikation werden diese Regeln eingehalten, bei gestörter gebrochen
  - o Die Unmöglichkeit, nicht zu kommunizieren: Kommunikation hier gleichbedeutend mit Verhalten, sie findet nicht nur durch Worte sondern auch nonverbale Signale wie lachen, Tonfall, Körpersprache statt; daher hat alles Verhalten in zwischenmenschlichen Situationen Mitteilungscharakter, es ist nicht möglich nicht zukommunizieren
  - o Misslungen ist Kommunikation dann, wenn eine Person die Botschaft aussendet, in Ruhe gelassen zu werden und dies nicht beachtet wird: wenn sie physisch nicht ausweichen kann, kann sie Annehmen, Abweisen, Entwerten, oder ein Symptom vortäuschen
- Mitteilungen haben eine Inhalts- und einen Beziehungsaspekt: Inhaltsaspekt: wird verbal übermittelt, vermittelt Infos und Daten; Beziehungsaspekt nonverbal, bestimmt, wie der Sender die Daten vom Empfänger verstanden wissen will; deshalb liegt in der Mitteilung auch eine persönliche Stellungnahme zu anderen
- Da der Beziehungsaspekt dem Empfänger vermittelt, wie er eine Kommunikation zu verstehen hat, wird er als Metakommunikation bezeichnet; Kommunikation ist misslungen , wenn eine Diskrepanz zwischen Inhalts- und Beziehungsaspekt vorliegt

- o Digitale und analoge Kommunikation: Inhaltsaspekt, digital (sprachlich), Beziehungsaspekt analog (nichtsprachlich) übermittelt; bei der Übersetzung zwischen beiden Arten kann es zu Störungen kommen, denn analoge Mitteilungen sind oft mehrdeutig, können deswegen vom Empfänger missverstanden werden; auch wenn digitale und analoge Botschaft nicht übereinstimmen ist die Kommunikation gestört
- Symmetrische und komplementäre Interaktionen: symmetrisch: gleichrangige Positionen, Beziehung beruht auf Gleichheit; komplementär: hierarchisch: primär- und Sekundärposition, Unterschiedlichkeit
- Normalerweise wirkt beides zusammen und wechselt sich in verschiedenen Bereichen ab, Störungen ergeben sich durch symmetrische Eskalation und starre Komplementarität
- o Interpunktion von Ereignisfolgen: Kommunikationsabläufe werden aufgrund subjektiver Wahrnehmungen interpretiert; widersprüchliche Interpunktionen sind häufig Grund von Kommunikationsstörungen
- o Entgegen der subjektiven Meinung der Kommunikationsteilnehmer ist diese Kreisförmig, hat weder Anfang noch Ende, jedes Verhalten ist Ursache und Wirkung
- o Selbsterfüllende Prophezeiung ist ein Spezialfall der Interpunktion von Ereignisfolgen, denn hier gibt es wirklich eine Anfang
- Die Doppelbindung ist ein Spezialfall pragmatischer Paradoxie, hat krankmachende Wirkung, da sich der Empfänger zwischen zwei Alternativen entscheiden muss, aber eine echte Wahl nicht möglich ist, er an beide Möglichkeiten gebunden bleibt

BEI GRIN MACHT SICH IHR
WISSEN BEZAHLT

- Wir veröffentlichen Ihre Hausarbeit,
  Bachelor- und Masterarbeit

- Ihr eigenes eBook und Buch -
  weltweit in allen wichtigen Shops

- Verdienen Sie an jedem Verkauf

Jetzt bei www.GRIN.com hochladen
und kostenlos publizieren